MÉMOIRE JUSTIFICATIF

DE

M. LE MARÉCHAL SOULT,

DUC DE DALMATIE.

MÉMOIRE JUSTIFICATIF

DE

M. LE MARÉCHAL SOULT,

DUC DE DALMATIE.

A PARIS,

chez Chaumerot jeune, Libraire Palais-Royal, galerie de bois.

1815.

MÉMOIRE JUSTIFICATIF

DE M. LE MARÉCHAL SOULT,

DUC DE DALMATIE.

———

Soldat depuis l'âge de quinze ans, la révolution me trouva dans les camps, et ne m'en a point fait sortir. Constamment étranger aux factions comme aux intrigues qui ont déchiré ma patrie, je n'ai jamais su que me batre pour elle et faire des vœux pour son bonheur. Lorsqu'à force de travaux et de services rendus à l'Etat dans une longue carrière militaire je fus parvenu à l'honneur de commander en chef les armées, plus d'une fois jai vu l'envie et la malveillance s'attacher à mes pas. Je les ai vues, surtout lorsque la fortune trahissait mes efforts, ne tenir aucun compte des obstacles indépendans de ma prévoyance et de mon zèle, et ne m'accorder quelques talens et de l'activité que pour répandre des soupçons perfides sur mes intentions. Elles ne m'ont point épargné au milieu des événemens mémorables qui ont eu lieu en France depuis la première invasion des puissances étrangères, événemens dans lesquels les circonstances et la confiance du gouvernement m'ont appelé à jouer un rôle remarquable. Mais certain d'avoir fait mon devoir en franc et loyal militaire, et de n'avoir donné d'autre exemple que celui d'un dévouement sans bornes à mon souverain et à mon pays, j'étais incapable de descendre à une justification lorsqu'il ne s'agissait que de repousser des propos téméraires ou de vaines clameurs. Toujours j'ai cru que c'était au temps, à la réflexion, au gouvernement, à mes propres actions que je devais confier le soin d'éclairer l'opinion publique, et de me venger. Jusqu'à présent je n'avais eu qu'à me féliciter d'une telle résolution. — Aujourd'hui c'est le gouvernement lui-même qui m'accuse, ou plutôt qui me frappe avant de m'avoir accusé, qui me signale à la France et à l'Europe entière comme un homme coupable et dangereux : comment pourrais-je garder le silence ? Je dois me hâter de parler pour éclairer la religion du Roi, indignement surprise dans des circonstances extraordinaires qui ne lui ont pas permis de voir et de juger par lui-même ; je le dois à ma réputation, à ma famille ; je le dois au prince lui-même, intéressé à réparer l'erreur de ses ministres, non-seulement par un sentiment de justice, mais pour prévenir des erreurs plus graves encore et de dangereuses conséquences : je dois parler enfin parce que si j'étais assez malheureux pour que ma voix ne pût parvenir jusqu'au trône, il faut du moins que les gens de bien qui m'ont accordé leur estime puissent se convaincre que je n'ai pas cessé d'en être digne.

L'ordonnance du 24 juillet ne dit point d'une manière précise quel est le crime pour lequel je suis frappé ; mais j'ai recueilli, de l'ensemble de ses dispositions, que ce crime est le plus grave dont un citoyen puisse être accusé, celui de *trahison* et de *révolte* envers le souverain.

L'ordonnance indique encore moins les circonstances de ma conduite, qui ont été jugées criminelles. J'ignore quel peut avoir été le motif d'une réticence aussi extraordinaire, et ne crois pas avoir besoin de faire remarquer combien elle est faite pour augmenter les difficultés d'une justification. Mais du moins est-il évident que ces circonstances ne peuvent se rencontrer que dans l'espace de temps écoulé depuis le rétablissement du Roi sur le trône de ses ancêtres, en 1814, jusqu'au jour de l'ordonnance. Ainsi, en rendant compte de cette partie de ma vie, si je réussis, comme je l'espère, à prouver que je n'ai pas cessé dans cet intervalle de me montrer fidèle à mes devoirs, et jaloux de l'estime publique, il me sera permis de conclure que l'accusation dirigée contre moi n'est fondée sur aucun motif légitime.

Je n'ai point oublié que ma conduite à l'époque de la bataille de Toulouse fut vivement attaquée ; qu'une faction ne craignit pas de faire un crime à l'armée et à son chef du courage et du dévouement avec lesquels une poignée de braves défendit, jusqu'à la dernière extrémité, la gloire nationale et le sol de la patrie ; mais il me souvient aussi que tout ce qui porte un cœur français, que nos propres ennemis applaudirent à ces généreux efforts. Sa Majesté ne

nous rendit-elle pas elle-même une justice éclatante? ne témoigna-t elle pas sa satisfaction à
l'armée, ainsi qu'à son général, en me nom-
mant gouverneur d'une de nos plus importantes provinces?

Ma conduite dans ce gouvernement fut aussi
l'objet de quelques critiques. Le projet d'un
monument en faveur des malheureuses victimes de Quiberon fournit un prétexte à mes
détracteurs.

Ce n'est pas aux yeux du Roi que j'aurai besoin de me justifier à cet égard ; soit que l'idée
de ce monument puisse être un sujet de blâme
ou d'éloge, Sa Majesté sait que je ne fis dans
cette occasion que me conformer aux ordres
par écrit que m'avait transmis S. A. R. Mgr.
le Duc d'Angoulême. (1)

Au surplus, comment pourrais-je avoir
besoin de justifier les actes de mon administration dans le gouvernement de Bretagne,
lorsque je n'ai quitté ce poste honorable que

---

(1) Bien que je sois étranger, ainsi que je viens de le
dire, à la première idée de ce projet, je ne puis résister
au désir de dire ici que la malveillance seule a pu le présenter comme une insulte à l'armée. Etait-ce donc insul-
ter nos braves que de donner des regrets à la mort de
deux mille Français victimes à la fois et de la perfidie
d'un gouvernement ennemi, et de la barbarie de celui
qui présidait alors aux destinées de notre patrie? Est-il
un seul Français qui n'ait versé des larmes sur la tombe
de l'infortuné Sombreuil? Et ceux-là mêmes qui venaient
de le vaincre, et qu'on força de l'immoler, ne furent-ils
pas les premiers à payer ce tribut à son courage et à
son malheur?

pour être élevé à des fonctions plus éminentes, celles de ministre de la guerre?

En acceptant ce pénible fardeau, je me promis de me rendre digne, du moins par mon zèle et mon dévouement, de la confiance de Sa Majesté. Ma conscience me dit que j'ai tenu ma promesse.

Il est cependant trop vrai que lorsqu'animé d'une audace qu'on pouvait alors appeler extravagante, Buonaparte eut reparu, pour le malheur de la France, sur le sol français, et traversé sans coup férir plusieurs départemens, des cris de trahison se firent entendre, et que des insinuations perfides les dirigèrent contre moi. Mais n'est-il pas également certain que lorsque, révolté de cette odieuse calomnie, hasardée même dans le conseil des ministres, j'accourus auprès du Roi pour lui présenter ma démission, Sa Majesté daigna me dire, en présence de MM. Dambray et de Blacas, que je n'avais pas perdu sa confiance? Et quand, peu de jours après ma retraite du ministère, j'osai la supplier de m'accorder un témoignage public de son estime que je pusse opposer à la calomnie, et qui me dispensât de la triste nécessité de traduire mes calomniateurs devant les tribunaux, ne daigna-t-elle pas m'écrire qu'elle ne doutait *ni de mon honneur ni de ma fidélité*, et qu'elle était *prête à me donner de nouvelles preuves de sa bienveillance*? (1)

---

(1) Cette lettre fut insérée par extrait dans tous les journaux.

Je devrais donc être fondé à croire que ce ne peut être dans les circonstances d'une conduite ainsi favorablement jugée par Sa Majesté que l'on a pu parvenir à lui montrer des preuves ou des indices de trahison de ma part.

Toutefois, puisque malgré ce jugement mon nom se trouve incrit aujourd'hui dans une ordance destinée à proscrire des traîtres, il est à craindre que les calomniateurs, déjoués alors, n'aient renouvelé leurs efforts avec plus de succès en abusant, et de mon éloignement, et du temps qui s'est écoulé, et des événemens qui ont eu lieu.

L'incertitude dans laquelle me laisse à cet égard l'ordonnance du 24 juillet me fait donc une nécessité de jeter un coup d'œil sur les circonstances de mon ministère, qui servirent de prétexte à la calomnie.

Mais, avant de répondre d'une manière directe et particulière sur chacun des griefs élevés contre moi, qu'il me soit permis de montrer que ni les circontances de ma nomination, ni les règles de conduite que je me prescrivis en entrant au ministère, et que j'ai constamment suivies, ne permettent guère de me soupçonner d'y avoir apporté les intentions criminelles que mes ennemis ont voulu me supposer.

MM. les comtes de Bruges et de Blacas, que j'avais l'honneur de connaître avant ma nomination, peuvent dire s'ils ne m'ont pas toujours vu animé des principes du sujet le plus dévoué et le plus fidèle. Ils diront si, lorsque le ministère me fut par eux proposé, je ne me suis pas long-temps défendu d'accepter ces fonctions importantes , soit en alléguant ma propre faiblesse, soit en considération des difficultés extrêmes que présentait alors l'administration de l'Etat.

Je ne me dissimulais pas en effet une grande partie des obstacles qui naissaient et de la nature même des choses , et de la fausse direction donnée à la marche du gouvernement. Toutefois je ne pus résister aux instances flatteuses qui me furent adressées. Je me persuadai, trop facilement peut-être , que le mal pouvait encore être réparé. J'avais été témoin de la manière dont le Roi avait été accueilli en France ; j'avais vu combien la très grande majorité de la nation avait alors éprouvé de joie et senti naître d'espoir. Il est vrai que j'avais vu rétrograder l'opinion publique, l'inquiétude prendre la place de l'espérance ; mais j'étais persuadé, avec beaucoup d'autres citoyens, que ce malheur devait surtout être attribué à quelques fautes des ministres auxquelles le Roi était étranger. Réparer les fautes commises , éviter d'en commettre de nouvelles , me paraissait chose possible. Je me flattai que le changement d'une partie du ministère en amènerait dans son système ; que chacun sentirait le besoin de se conduire par les mêmes principes ; que, désormais les ministres ne consultant plus d'autre intérêt et d'autre esprit que l'intérêt et l'esprit du Roi , on pourrait marcher d'un pas ferme et assuré à la consolidation du trône en ramenant l'opinion publique , en ralliant tous les Français autour du Roi et de la Constitution.

L'histoire dira pourquoi cet espoir fut trompé. Il me suffit de faire remarquer que ce n'est pas mon exemple qui a pu servir d'excuse aux fautes d'autrui ; j'ose dire que tout ce que le zèle le plus ardent, le dévouement le plus absolu , et l'activité la plus infatigable peuvent produire d'utile a été réalisé par moi. Les nombreux employés et les cartons du ministère sont là pour attester que jamais aucun ministre de la guerre ne s'est occupé plus activement et de meilleure foi de tout ce qui pouvait être avantageux à l'Etat : ils diront si mes nombreux travaux pour régulariser et améliorer les diverses parties de l'administration sont ceux d'un ministre qui ne songe qu'aux moyens de renverser le gouvernement qui l'a appelé à le servir.

Les registres du conseil diront à leur tour si je ne me suis pas imposé , et si je n'ai pas constamment et fidèlement exécuté l'obligation de lui soumettre des rapports sur toutes les questions qui avaient quelque importance et quelque connexité avec les affaires des autres départemens. Ce n'est pas ma faute si ces registres attestent en même temps que j'étais à peu près le seul à suivre cette règle, dont l'exécution générale eût été évidemment si utile.

Sa Majesté elle-même daignera se rappeler que, non content de lui rendre compte chaque jour de mon travail de la veille, je m'étais soumis à lui présenter en outre tous les huit jours un tableau du travail de la semaine, méthode qui avait l'avantage, en replaçant sous ses yeux les décisions déjà prises, de lui fournir le moyen de vérifier si ses volontés avaient été remplies, et de redresser les erreurs qui pouvaient m'être échappées.

Ai-je besoin maintenant de faire sentir qu'il est difficile de concilier avec les projets que la calomnie m'a prêtés ce soin extrême de ma part à mettre assidument tous les actes de mon ministère sous les yeux du Roi ou du Conseil ?

Enfin j'ai travaillé presque constamment avec M. le comte de Bruges ; je profitais de ses lumières ; il n'était étranger ni à mes travaux ni à mes pensées : cette association et la réputation de M. le comte de Bruges n'eussent-elles pas dû suffire pour écarter loin de moi le reproche de trahison ?

Mais si ces considérations générales semblent faites pour dissiper les préventions qui pouvraient s'être formées contre moi, ces préventions résisteront bien moins encore à l'examen des divers griefs forgés ou recueillis par la malignité.

On m'assure que je suis accusé d'avoir provoqué par diverses mesures injustes ou intempestives le mécontentement des officiers de l'armée, et d'abord en favorisant à leur préjudice les officiers chouans, les vendéens et les émigrés. — La cour sait bien que les places et les faveurs accordées aux uns et aux autres l'ont été par son ordre, et parce qu'elle a cru que c'était une justice. Elle doit même se rappeler qu'à cette époque les émigrés, les vendéens et les chouans se plaignaient amèrement de leur côté de ne pas obtenir tout ce qui leur était dû. Ces reproches contradictoires semblent attester assez que je ne suis tombé dans aucun extrême.

Nul ne sait mieux que moi qu'une grande partie des officiers français n'a pas reçu les faveurs, les pensions et les places qu'ils avaient si bien méritées ; mais pour m'en faire un reproche ne faudrait-il pas établir que j'avais le moyen de prévenir leurs plaintes ? Or, ignore-t-on dans quelle pénurie extrême se trouvaient alors les finances de l'Etat ? Il est de fait que, tandis que l'aperçu des dépenses réduites de la manière la plus rigoureuse, en renvoyant à des temps plus heureux l'acquittement de diverses obligations sacrées, s'élevait à deux cent quatre-vingt-dix-huit millions, le budget de 1814 n'allouait pour 1815 que deux cents millions.

Il s'agissait donc d'économiser la somme de quatre-vingt-dix-huit millions formant le déficit, tandis que des objets de la plus haute importance eussent exigé au contraire une augmentation considérable de fonds. Alors, en effet il fallait compléter la réorganisation de l'armée, et la porter à son effectif, pourvoir aux besoins de cinquante-huit mille hommes de nouvelle levée. Une remonte de sept mille cinq cents chevaux était devenue indispensable ; il fallait faire mettre en état et approvisionner les places frontières, rétablir le matériel de l'artillerie ; il fallait enfin faire suivre la liquidation de la dette arriérée du ministère de la guerre, s'élevant à plus de cinq cents millions.

Est-ce donc quand j'étais placé au milieu de semblables embarras qu'on pourrait me faire un reproche de l'extrême économie que j'ai été obligé de mettre dans la distribution des fonds alloués à mon département ?

Ma conduite dans l'affaire du général Excelmans est-elle moins facile à justifier ? Je sais qu'on m'a reproché non - seulement de l'avoir traité avec une sévérité excessive, mais encore d'avoir de mon propre mouvement donné à cette affaire l'éclat qu'elle a eu contre les intentions du Roi, qui avait désiré qu'elle fût oubliée. Je réponds par l'exposé du fait et en osant invoquer le témoignage de Sa Majesté elle-même.

Ce fut au premier conseil des ministres, auquel j'assistai, que la lettre du général Excelmans au roi de Naples, interceptée avec plusieurs autres, me fut remise. Je pris à ce sujet les ordres de Sa Majesté : elle eut la bonté d'annoncer l'intention, quelque grave que lui parût le tort du général, de ne le punir que par forme de discipline. Pour remplir cette intention je donnai l'ordre au général de se retirer à Bar-sur-Ornain ; mais chacun sait avec quelle opiniâtreté il se refusa à l'exécuter.

Si la première faute de cet officier-général était grave, il était évident qu'une désobéissance aussi formelle pouvait avoir des conséquences plus graves encore si elle restait impunie ; et ces conséquences chacun les aperçoit en se reportant à la situation où se trouvaient alors les choses. On peut même ajouter que ce qui est arrivé depuis lors permet bien moins de s'y méprendre.

Quoi qu'il en soit, après avoir employé inutilement tous les moyens possibles pour me dispenser de recourir aux voies de rigueur, je crus ne pouvoir, sans blesser mon devoir, taire au Roi cette résistance inexcusable, et ne pas prendre ses ordres à ce sujet : c'est d'après ces ordres que le général fut envoyé devant un conseil de guerre.

Le reste est connu. Je m'abstiens de parler du jugement qui intervint, et de l'influence qu'il eut sur l'opinion de l'armée ainsi que sur sa discipline ; mais je demande si, parmi les réflexions que cet événement fait naître, il en est une seule qui conduise à soupçonner ma fidélité? N'est-il pas évident au contraire que de toutes les circonstances qui viennent d'être rappelées il ne résulte qu'une démonstration ; c'est que je n'ai jamais hésité a sacrifier, quand je l'ai cru utile au bien de l'Etat, et mes affections personnelles, et ma popularité, et même mon repos ; c'est que j'ai apporté dans mon administration cette chaleur, cet abandon, cette énergie, ou, si l'on veut, cette inflexibilité de caractère que ceux qui ont vécu près de moi ont pu remarquer dans toute ma conduite. Je ne sais si l'on peut trouver en cela la matière d'un reproche contre moi, mais il paraît impossible qu'on y voie le fondement d'un prétexte pour m'accuser d'avoir trahi la cause que j'ai servie avec un dévouement aussi absolu, avec une telle abnégation de moi-même.

Le moment où Buonaparte a débarqué à Cannes, et a traversé une partie des départemens de la France d'une manière si rapide

et si extraoadinaire, devait naturellement fournir l'occasion d'une épreuve plus directe et
plus positive de mes véritables sentimens.

Si son retour a été préparé en Franre, et si
je n'ai pas été étranger à une conspiration qui
devait lui ouvrir le chemin de trône, j'ai dû,
comme ministre dé la guerre, faciliter le succès par tous les moyens qui étaient à ma
disposition : ces moyens étaient assez puis-
sans; ils consistaient ou à éloigner de sa
route toutes les troupes de ligne qui pouvaient lui offrir de la résistance, ou à placer
sur son passage des généraux et des corps
dévoués à sa cause, et qui, loin de lui présenter des obstacles à vaincre, lui servissent
d'escorte au moment de sa descente en
France, et l'aidassent à surmonter les difficultés que pourraient lui opposer les autorités administratives, les gardes nationales et
les troupes fidèles au Roi.

La malveillance n'a pu se permettre de supposer que j'aie employé le premier de ces
deux moyens; l'état des garnisons dans tout
le royaume se trouvait être précisément le
même au 1er mars qu'au moment de mon en-
trée au ministère; mais elle n'a point hésité
à me reprocher d'avoir ordonné des mouvemens et disposé des forces dans l'unique objet
de favoriser l'invasion de Buonaparte.

Quelque forts que soient le témoignage de
ma conscience et celui de toute ma conduite,
peut-être ne me rassureraient-ils pas contre
cette calomnie si le hasard eût fait que l'usurpateur eût été secondé par les généraux et

les corps placés dans les premiers départemens qu'il a traversés; mais plus cette cir-
constance serait embarrassante pour moi si
j'avais à la combattre, plus, ce me semble,
la calomnie eût dû se trouver confondue par
un simple coup d'œil sur ce qui s'est réellement passé.

Hé quoi ! j'avais tout disposé pour le retour
de l'ex-empereur, et la première garnison qui
se trouve sur son passage, celle d'Antibes,
non-seulement ne se livre pas à lui, mais fait
arrêter les officiers et les soldats envoyés pour
provoquer sa défection !

Le département du Var est le premier qu'il
traverse, et il ne voit accourir sous ses dra-
peaux aucun des généraux, des officiers, ni
même des soldats employés dans cette contrée!

Un général et un régiment sont placés au
chef-lieu des Basses-Alpes, précisément sur sa
route, et ce général est le général Loverdo,
dont l'attachement au Roi est si bien connu !
et ce régiment ne fournit pas à Buonaparte
une seule recrue !

Deux régimens en garnison dans le département des Bouches-du-Rhône sont dirigés
contre lui à la première nouvelle de son invasion, et ces corps et leurs chefs ont mar-
ché jusqu'à Gap, et sont revenus à Aix sans
qu'on ait eu à regretter la défection d'un seul
homme !

La ville de Grenoble se trouvait être de
ce côté la place la plus importante à livrer
à l'usurpateur, et le commandement de cette
division se trouve confié à un militaire re-

commandable, qui a fait son devoir, qui avait pris toutes les précautions qui dépendaient de lui pour faire avorter le projet d'usurpation, et qui n'a vu déjouer ses sages mesures que par un de ces événemens que toute la prudence humaine ne pouvait prévenir (1).

Lyon était après Grenoble le point le plus essentiel, soit à cause de sa population, soit à raison des troupes qui s'y trouvaient réunies ; et c'est moi qui proposai à Sa Majesté de confier à Monsieur le soin d'aller par sa présence augmenter le zèle que les Lyonnais avaient fait éclater pour la Famille royale, et retenir les troupes dans leur devoir ! et les généraux que je plaçai sous ses ordres sont ceux dont la fidélité a été le moins équivoque !

Ainsi, loin que j'aie à me défendre contre des circonstances que la fatalité eût pu disposer contre moi, sans que ma fidélité à mon devoir eût été moins réelle, on voit que tous les faits semblent se réunir pour donner un démenti formel à la calomnie qui me poursuit.

Cependant elle insiste, et me demande pourquoi, peu de jours avant le débarquement de Buonaparte à Cannes, des troupes assez considérables s'acheminaient de divers points du royaume vers Grenoble ; pourquoi d'autres

---

(1) Tout le monde sait que l'avant-garde envoyée de Grenoble contre Buonaparte était sur le point de faire feu sur lui, lorsque l'officier et les soldats, voyant leur ancien général s'offrir à leurs coups seul et sans défense, laissèrent tout-à-coup tomber leurs armes.

corps avaient déjà reçu l'ordre de se diriger de ce côté.

Je ne me dissimule pas que ces circonstances, qui sont vraies, ont pu faire naître dans le public des doutes plus ou moins graves sur la pureté de mes intentions ; le motif de ces mouvemens militaires n'ayant pas été publié, leur concours singulier avec l'arrivée de Buonaparte sur le même point qui devait servir de rendez-vous aux troupes a pu paraître fort extraordinaire ; et je sens bien qu'attendu la conduite d'une partie de l'armée il n'en fallait pas davantage à la malveillance, dans ces momens de crise et d'effroi, pour me calomnier avec quelque succès.

Mais ce succès elle ne peut l'avoir obtenu auprès du Roi, qui sait bien que je n'ai fait qu'exécuter ses ordres.

Ce succès d'ailleurs, quel qu'il soit, n'a besoin pour être dissipé que d'une explication bien simple.

Il me suffit d'apprendre à ceux qui peuvent l'ignorer que le 19 février le plénipotentiaire de France à Vienne avait écrit au Roi que « d'après l'agitation qui régnait en Italie, on désirait qu'un corps de trente mille hommes fût réuni entre Lyon et Chambéry pour être prêt à tout événement. »

M. le prince de Talleyrand ajoutait que « le mouvement devait se faire avec le moins d'éclat possible, afin de ne pas donner d'ombrage à l'Autriche et au Piémont. »

Après m'avoir communiqué cette lettre Sa Majesté me donna des ordres pour l'exécution du plan proposé. Je fis aussitôt mon travail, je le lui soumis; il fut approuvé, et les ordres furent expédiés aux généraux et aux troupes destinées à former le corps d'observation, sans que les autres ministres en fussent instruits. Ils n'en ont eu connaissance que plusieurs jours après, et lorsque, par une seconde lettre de Vienne à la date du 23 février, le lieutenant-général Ricard, écrivant par ordre du prince, m'eût mandé que « de nouveaux aperçus et des changemens survenus dans les relations politiques faisaient désirer qu'on usât moins de circonspection dans la réunion des trente mille hommes. . Il ajoutait qu'il serait bon au contraire que ce mouvement fût remarqué audehors, afin de prévenir l'effet de l'opinion que M. de Metternich affectait de répandre sur la nullité de nos forces militaires. »

Le hasard fit que la communication de ces dispositions militaires et de leurs motifs ne put être faite au Conseil que le jour même auquel était parvenue à Paris, par une dépêche télégraphique, la nouvelle bien autrement importante du débarquement de Buonaparte. Il n'est pas étonnant que celle-ci ait fait perdre l'autre de vue, et que le public n'ait pas été instruit a son tour d'une mesure politique qui devenait tout à fait sans intérêt, au milieu d'intérêts bien plus graves. Ce qui est remarquable, c'est que lorsque j'en fis part au Conseil, chacun se récria sur ce que cette mesure avait d'avantageux dans les circonstances, puisque par un hasard heureux elle avait

2

pourvu d'avance aux mesures que ces circonstances paraissaient commander.

L'opinion ne changea point à cet égard
tant qu'on conserva l'espoir de voir Buonaparte arrêté dès ses premiers pas ; mais lorsqu'on apprit la défection des troupes réunies
à Grenoble on se permit d'insinuer, même
dans le Conseil, que je semblais n'avoir di-
rigé des forces sur ce point que pour les
livrer à l'ennemi de la France. On alla jusqu'à me faire un reproche (tant le malheur
rend injuste, et tant l'injustice rend aveugle !)
de ce que je n'avais pas donné des ordres pour
ramener dans l'intérieur du royaume toutes les
troupes qui se trouvaient placées dans le Midi,
ou qui marchaient de ce côté... comme si
j'eusse dû nécessairement prévoir, et prévoir
moi seul, leur défection ! comme si j'avais eu
à ma disposition d'autres moyens à employer !

Eh ! qui ne voit que si j'eusse eu le malheur
de concevoir et de proposer cette mesure
qu'on me reproche d'avoir négligée, c'est
alors que les soupçons de trahison m'eussent
accablé ; c'est alors qu'on eût pu croire, non
sans quelque apparence de fondement, que
j'agissais d'intelligence avec Buonaparte, puisque je prenais ainsi le soin de faire dispa-
raître tous les obstacles qui auraient pu arrêter sa marche, et faire échouer son audacieuse
entreprise !

Ces diverses réflexions s'offraient d'elles-
mêmes ; elles imposèrent aisément silence
dans le Conseil à ceux qui s'étaient permis
cette absurde accusation. Mais le lendemain

11 mars j'appris, non sans indignation, que les mêmes idées avaient été répandues dans les bureaux de la Chambre des Députés, et que, prenant quelque force dans la bouche des personnes qui les développaient, et dans l'effroi général, (il est d'ailleurs si facile de se faire écouter quand on accuse) elles avaient produit un tel effet qu'il n'était question de rien moins que de dénoncer à la Chambre et au Roi ma conduite, et d'en provoquer l'examen.

A cette nouvelle un seul coup d'œil me montra tout ce qu'une telle opinion sur mon compte, quelque fausse qu'elle fût, pouvait avoir de suites fâcheuses, non - seulement pour moi, mais pour l'Etat. Comment pouvais-je encore espérer de faire le bien quand je perdais la confiance publique? Dans des temps ordinaires j'eusse pu me flatter de la recouvrer bientôt ; il m'eût suffi de publier ma justification, et de faire juger les calomniateurs ; mais quel moment j'eusse choisi pour faire diversion aux affaires de l'Etat par l'éclat d'une querelle particulière !

Je me déterminai à exposer ma position à Sa Majesté, et à la prier d'agréer ma démission.

Sa Majesté eut la bonté de témoigner d'abord le désir de me retenir au ministère ; je crus devoir insister ; elle finit par approuver mes motifs, et ma démission fut acceptée.

On assure qu'il n'y a pas jusqu'à cet acte éclatant de mon dévouement à la cause du Roi qu'on n'ait cherché à empoisonner : on a prétendu que ce fut une nouvelle perfidie de ma part que de m'éloigner du ministère dans un tel moment.

Je devrais faire remarquer ici la contra-diction qui me fait accuser pour avoir aban-donné le pouvoir par ceux - là mêmes qui soutiennent que son existence dans mes mains était une calamité pour l'Etat ; je dirai seule-ment que ma réponse à ce dernier reproche est déjà connue ; elle est dans l'exposé des motifs qui déterminèrent ma retraite. On peut les juger ; mais comment les jugerait-on au-jourd'hui autrement qu'ils ne le furent par le Roi au moment où j'eus l'honneur de les lui soumettre ? Et si alors ils lui parurent rai-sonnables et suffisans, s'il ne sentit naître dans son esprit aucun soupçon sur leur pureté, comment pourrais-je avoir aujourd'hui besoin de les justifier ?

Il est vrai que Sa Majesté ne put se tromper sur les raisons de ma retraite, ni la considé-rer comme une lâche défection ; je lui prouvai assez que j'en étais incapable en la suppliant d'employer mon épée pour sa défense, de me permettre de verser jusqu'à la dernière goutte de mon sang dans les rangs des bra-ves , sur la fidélité desquels elle pouvait compter.

Sa Majesté savait d'ailleurs que plusieurs jours avant ma démission toutes les disposi-tions nécessaires pour organiser en France tous les moyens de résistance possibles avaient été prises ; elle savait que non-seulement des ordres avaient été donnés pour préparer des

ohstacles à l'ennemi en avant de la capitale,
mais encore pour créer des ressources, en
cas de revers, dans les provinces de l'Ouest
et du Midi; elle n'ignorait pas qu'à la première nouvelle des mouvemens dangereux qui
avaient éclaté dans le Nord j'avais envoyé à
Lille le maréchal Mortier, et donné l'ordre
d'arrêter les généraux comte d'Erlon et Lal-
lemand. — Si toutes ces mesures ont été in-
suffisantes, si quelques-unes n'ont point été
utilisées, est-ce ma faute, et ne faut-il pas en
accuser des causes et des événemens tout à
fait indépendans de mon dévouement et de
mon zèle?

Aussi Sa Majesté eut-elle la bonté de ne
point dédaigner mes offres de service, et de
me promettre de nouveaux témoignages de
sa confiance. J'ai déjà rappelé la lettre qu'elle
eut la bonté de m'écrire peu de jours après,
et qui contient une preuve éclatante de ses
dispositions à mon égard (1). Enfin M. le

---

(1) Je crois devoir la rapporter ici en entier pour
que chacun puisse juger si un tel témoignage eût dû
me laisser craindre d'être encore réduit un jour à
justifier ma conduite dans le ministère :

Paris, le 15 mars 1815.

« Mon cousin, je vous fais cette lettre pour vous dire
« que j'ai reçu celle que vous m'avez adressée, et où je
« n'ai pu voir sans peine l'effet des rumeurs calom-
« nieuses répandues à votre sujet. Elles ne m'empêche-
« ront point de rendre toujours justice à votre honneur
« et à votre fidélité, ni de vous donner de nouvelles
« preuves de la bienveillance que je vous porte. Sur
« quoi je prie Dieu qu'il vous ait, mon cousin, en sa
« sainte et digne garde.   Signé Louis. »

comte de Bruges, que j'ai eu l'honneur de recevoir chez moi quelques heures avant le départ du Roi, peut déclarer si, jusqu'à ce dernier moment, Sa Majesté, Monsieur et lui-même ne m'ont pas considéré comme un serviteur fidèle et dévoué.

Ainsi il m'est permis de conclure que les circonstances de ma retraite n'excluent pas moins toute idée de trahison que celles qui avaient précédé et suivi ma nomination, et que les divers actes de mon ministère.

Mais, pour montrer encore mieux dans tout son jour l'absurdité de cette odieuse calomnie, il me reste à fixer l'attention sur ce qui m'est arrivé après le départ du Roi.

L'usurpateur est assis sur son trône. Quelle sera la conduite et quel sera le sort des traîtres qui ont conspiré pour lui, et qui, au peril de leur vie et au prix de leur honneur, ont préparé le renversement des Bourbons à l'ombre de leur confiance ?

Sans doute ils vont s'empresser auprès du nouveau souverain, et lui demander le prix des importans services qu'ils lui ont rendus ; sans doute il s'empressera à son tour de les combler d'honneurs, de crédit et de récompenses, et si parmi eux il se trouve un homme élevé au plus haut grade militaire, jouissant depuis long-temps d'une assez grande réputation, et qui, occupant un ministère sous le gouvernement renversé, a profité de ces fonctions importantes pour combiner et préparer de longue main le succès de l'usurpateur, cet homme se trouvera nécessairement appelé à la plus haute faveur, aux premières dignités de l'Etat.

Hé bien, j'étais cet homme, s'il faut en croire la calomnie!... Comparons ce qui aurait dû être dans cette supposition avec ce qui est réellement arrivé.

Buonaparte est entré aux Tuileries le soir du 20 mars. Le même jour je m'étais retiré à la campagne avec ma famille.

Le 26 je n'avais pas encore paru devant lui. Si je m'y rendis ce jour-là c'est parce qu'il m'avait fait appeler à deux reprises par le comte Clausel et le duc de Rovigo.

Que n'ai-je pu avoir pour témoins de cette première entrevue tous ceux sur qui la calomnie dont j'ai été l'objet a fait quelque impression ! certainement je ne serais pas obligé d'écrire pour me défendre du reproche d'avoir travaillé à opérer la révolution du 20 mars.

Mais si je suis privé de l'avantage de me prévaloir des détails de ma conversation avec Buonaparte, je puis du moins en citer les résultats. Le même jour me vit retourner à ma campagne ; et jusqu'au 11 mai je demeurai étranger au nouveau gouvernement, sans ministère, sans commandement, sans emploi.

La malveillance aura-t-elle encore des ressources contre des faits aussi certains et aussi decisifs ? Aurai-je besoin d'ajouter quelque chose au démenti formel que reçoivent de ces faits les imputations de mes ennemis?

Je me suis borné, comme on vient de le voir, à repousser ces imputations par des raisons qui me sont personnelles. J'ai cru devoir me contenter de prouver que je n'avais pas conspiré, sans examiner s'il avait existé ou non une conspiration en France pour y ramener Buonaparte : cet examen m'eût conduit trop loin ; il tient à des points trop délicats pour que je me permette de les traiter, alors que le soin de ma défense ne m'en fait pas une obligation ; je dirai seulement que mes conversations avec Buonaparte depuis son retour m'ont mis à portée de me former une opinion positive sur les véritables causes qui l'ont déterminé à tenter son entreprise ; et que dès lors se sont dissipées beaucoup de préventions que j'avais d'abord partagées avec une grande partie des témoins de cet événement aussi extraordinaire que malheureux.

Il me reste à rendre compte de ma conduite depuis le 11 mai jusqu'au jour de l'ordonnance qui me suppose coupable.

Dans cette seconde période les faits ne sont ni nombreux ni susceptibles de controverse.

J'ai été nommé major-général des armées ; j'ai obéi. J'ai signé en cette qualité un ordre du jour aux soldats, ouvrage du gouvernement auquel j'obéissais. J'ai combattu les Prussiens et les Anglais à Fleurus et à Waterloo.

Si ce sont là des crimes je suis coupable.

Mais j'ose croire que ma conduite n'a rien de criminel, et il me semble qu'il devrait suffire pour en être convaincu de l'examiner sans prévention, et de ne pas l'isoler des circons-

tances dans lesquelles la France se trouvait à
cette époque.

Depuis long-temps Sa Majesté s'était éloi-
gnée de son royaume; cette retraite, qui m'a
toujours paru (1) contraire aux véritables intérêts du Roi, avait abattu le courage des roya-
listes. La capitulation de Mgr. le Duc d'Angoulême leur enleva leur dernière espérance.
Les actes de résistance furent partout rempla-
cés par des actes de soumission. Sans doute
un très grand nombre de Français regrettait
son Roi légitime, et voyait avec effroi le nouveau souverain; mais tous cédèrent à l'impé-
rieuse loi de la nécessité. La France entière
fut soumise, et par le fait le gouvernement de
l'usurpateur s'y trouva établi : s'il est un point
incontestable c'est celui-là sans contredit.

Les choses étaient dans cet état quand l'invasion des puissances étrangères devint immi-
nente. Déjà des bataillons nombreux de Prussiens, d'Anglais et d'Autrichiens faisaient entendre sur nos frontières des cris de haine et
de vengeance. Les cabinets étrangers avaient
d'abord déclaré ne prendre les armes que
pour rétablir sur le trône la dynastie des Bourbons; mais bientôt par une déclaration nouvelle ils avaient rétracté cet engagement so-

---

(1) M. le comte de Bruges avec qui, peu de jours
avant le départ de la cour, je me suis entretenu plusieurs fois au sujet du parti que le Roi avait à prendre
dans les circonstances où il se trouvait, peut attester-
si en lui exprimant mon opinion je ne lui ai pas dit ce
que le maréchal de Biron avait écrit à Henri IV dans
une situation à peu près semblable.

lennel : et d'ailleurs la suite a-t-elle prouvé que ces promesses eussent dû inspirer une aveugle confiance ?

A l'approche de ce débordement de tant de peuples si long-temps vaincus et foulés par nos armées, au milieu desquels ne paraissait pas un seul Français, l'unique perspective qui semblait devoir frapper les citoyens de toutes les opinions, c'était la ruine de la France si elle était réduite à voir inonder ses campagnes, et envahir ses places fortes par un million d'étrangers poussés par tant de motifs à sa destruction.

Je gémissais au sein de ma famille et de mes amis sur la triste destinée de ma patrie, lorsque j'appris ma nomination à la place de major-général, et reçus l'ordre de partir pour l'armée.

J'obéis, non comme eût pu le faire une créature de Buonaparte pour défendre un pouvoir dont elle tenait ou attendait sa fortune. L'armée entière sait bien que je n'eus jamais qu'à me plaindre de cet homme, et que nul ne détesta plus franchement sa tyrannie, tout en servant avec zèle et fidélité.

J'obéis, non comme eût pu le faire un ennemi du Roi; je n'ai reçu de lui que des témoignages d'estime et de confiance, et je ne sais pas être ingrat.

Mais j'obéis comme citoyen, comme militaire à celui qui était alors à la tête du gouvernement.

Mon cœur peut m'avoir trompé; mais il me disait qu'un maréchal de France ne pouvait laisser son épée dans le fourreau lorsque l'armée entière prenait les armes pour la défense de la patrie. L'histoire n'a point censuré l'amiral Blake, qui, commandant la flotte anglaise sous un autre usurpateur dont il détestait aussi le pouvoir, n'en combattait pas moins vaillamment pour la défense de la gloire nationale et de la liberté de son pays; elle a consacré ces mots qu'il répétait à ses marins : *C'est notre devoir de combattre pour la patrie, en quelque main que le gouvernement puisse tomber.*

Mais pourquoi chercher loin de nous des exemples? Pendant les premières années de la révolution, lorsque la France gémissait, victime des plus féroces usurpateurs, sous un gouvernement abhorré par tous les citoyens honnêtes, et méconnu par toutes les puissances étrangères, ont-ils été flétris par l'opinion les noms des braves qui, à la voix des chefs de l'Etat, volaient à la mort pour repousser les ennemis de la patrie? N'est-ce pas au contraire en parlant de ces temps de pénible mémoire que l'histoire a déjà dit : *l'honneur français s'était réfugié dans les camps?*

Si la soumission au gouvernement établi en France après le 20 mars pouvait être regardée comme un crime, qu'on réfléchisse que la nation entière serait criminelle; car il est bien faible le nombre de ceux qui sont sortis du royaume pour se placer hors du pouvoir de l'usurpateur.

Cette théorie entraînerait une autre conséquence qui doit paraître étrange : suivant elle l'établissement par la force d'une autorité illégitime devrait amener la destruction totale d'un peuple : l'usurpateur en effet ne manquerait pas de punir tous ceux qui auraient refusé de se soumettre, tandis que le prince légitime à son tour frapperait ceux qui se seraient soumis.

La législation anglaise, prévoyant cette violente situation, pourvut à la sûreté publique par un statut du roi Henri VII, qui porte que personne ne sera déclaré coupable pour son obéissance au prince actuel. Cette loi est fondée, suivant les publicistes, sur ce qu'un prince, réduit par la force à sortir de ses Etats, ne peut exiger d'obéissance aussi long-temps qu'il ne peut offrir de protection, sur ce qu'il n'appartient pas à des particuliers sans pouvoir de discuter les titres de leurs souverains, et que la plus manifeste usurpation n'impose pas moins la nécessité d'obéir que la plus légitime autorité.

Mais pourquoi insisterais-je plus long-temps pour montrer qu'en pareil cas le citoyen qui s'est soumis à l'autorité existante est justifié par les circonstances? Cette règle, si nécessaire au repos des Etats, n'a-t-elle pas été hautement reconnue et consacrée par Sa Majesté elle-même au moment où elle est rentrée dans son royaume? Ne lisons-nous pas dans sa proclamation du 28 juin qu'elle ne voit de Français *inexcusables que les instigateurs et les auteurs de la trame horrible* qui l'a forcée à sortir de France; mais qu'elle veut jeter un voile sur tout ce qui s'est passé *depuis le jour de sa sortie de Lille jusqu'à celui de sa rentrée à Cambrai?*

Etranger, comme le démontre toute ma conduite, au complot dont le Roi croit devoir punir les auteurs, n'ayant servi le gouvernement illégitime que dans l'intervalle qui s'est écoulé entre les deux époques déterminées par la proclamation, comment ai-je pu être frappé lorsque ma sécurité reposait sur les plus nobles garanties, celles de mon innocence et de la parole du Roi?

Quelle est donc cette cruelle fatalité qui arme contre moi dans ce moment tout le courroux de Sa Majesté, tandis que sa lettre du 15 mars, postérieure à ma retraite du ministère, m'assurait encore de sa bienveillance; tandis que sa proclamation du 28 juin excuse les torts involontaires que j'ai partagés dans cet intervalle avec un si grand nombre de Français ?

Serait-ce ma conduite depuis cette proclamation qui m'aurait rendu indigne du bienfait qu'elle garantit ? Non, cela est impossible : car cette conduite, que l'armée et la capitale peuvent attester, est telle que, seule peut-être, elle eût dû suffire pour me faire reconquérir toute la bienveillance de mon souverain.

Le ministère aurait-il laissé ignorer à Sa Majesté qu'avant cette époque du 28 juin, et dès l'instant où l'abdication de Buonaparte me permit d'exprimer hautement mes vœux, il n'est aucun effort que je n'aie fait, aucun danger auquel je ne me sois exposé pour ramener vers nos princes légitimes et les troupes, et les citoyens, et les diverses autorités de l'Etat ? Pendant que les esprits et les factions s'agitaient pour savoir sur quelle tête devait être placée la couronne de France, qu'on supposait vacante, m'a-t-on vu hésiter un seul instant à reconnaître, à proclamer les droits des Bourbons ? Ne l'ai-je pas fait au milieu de la Chambre des Pairs, dans le sein de la commission du gouvernement provisoire, en présence de tous les généraux de l'armée réunis en conseil de guerre pour délibérer sur la défense de Paris ? — Ai-je besoin de dire que c'est mon empressement et ma franchise à soutenir que le bonheur de la France dépendait de la prompte soumission au Roi qui me rendirent suspect au gouvernement, et me firent rappeler de l'armée, dont le commandement fut confié au comte Grouchy ?

Certes, je ne songeais point alors à demander à la Cour le prix des ces démonstrations ; c'était un devoir que je croyais remplir, c'est encore l'intérêt de ma patrie que je pensais défendre. Mais si j'étais loin de prétendre à des récompenses, devais-je m'attendre à ce que, pour prix de mon zèle et de mon dévouement à la cause du Roi, je verrais ses ministres me ranger dans la classe de ceux qui ont été signalés comme les plus coupables et les plus dangereux de ses sujets ? Est-ce donc parce que j'ai eu presque seul le courage, dans des momens difficiles, de rappeler à son devoir la France redevenue libre de le suivre, que mon nom a été placé à la tête d'une liste de proscrits ?

Plus je réfléchis sur cet étrange résultat, plus je le rapproche de ma conduite et de la sagesse du Roi, plus je dois me confirmer dans la conviction que la religion de Sa Majesté a été trompée ; que ma conduite ne lui a point été connue ; que l'ignorance ou la calomnie seule a instruit mon procès. Je puis donc espérer que, mieux informée, elle daignera corriger elle-même la fatale erreur dont je suis victime ; j'en ai pour garans ses lumières, sa justice et sa bonté.

Et si j'étais assez malheureux pour que Sa Majesté, se regardant comme enchaînée par une première disposition, crût devoir ne pas employer sa propre autorité pour réparer le mal quelle m'a fait, et confier à d'autres qu'à elle même le soin d'examiner et d'apprécier ma conduite, du moins il est un acte de justice que je n'aurai sans doute pas sollicité en vain ; c'est d'être renvoyé, sans un plus long retard, devant les juges destinés à prononcer sur mon sort : cet acte de justice je le recevrai comme un bienfait, puisqu'il me fournira le plus sûr moyen de faire éclater mon innocence. Mais ce bienfait m'est garanti par toutes les lois, et je ne dois pas craindre d'être privé d'un droit aussi sacré lorsque c'est auprès de Sa Majesté que je le réclame. La malveillance et l'erreur peuvent bien surprendre au souverain le plus juste une accusation grave contre un citoyen irréprochable ; mais refuser à un accusé les moyens de se justifier, le condamner sans l'entendre, serait un acte de tyrannie. Je dois donc être tranquille.

Au reste, quel que puisse être le sort qui m'est réservé, je n'en serai pas moins le sujet fidèle du Roi, l'admirateur de ses vertus, et toujours prêt au premier signal à exposer de nouveau ma vie pour mon prince et pour mon pays. Le sentiment de mon amour pour eux et pour mon devoir est trop profond dans mon cœur pour que l'infortune, ni même l'injustice puissent l'altérer. Dès long-temps j'ai pris pour devise : *Fais ce que dois ; advienne que pourra.* Je ne l'ai pas perdue de vue au milieu des orages politiques, et ma conscience m'avertit de lui rester fidèle.

Saint-Amans, le

LE MARÉCHAL DUC DE DALMATIE.

DE L'IMPRIMERIE DE BRASSEUR AINÉ.

www.ingramcontent.com/pod-product-compliance
Ingram Content Group UK Ltd.
Pitfield, Milton Keynes, MK11 3LW, UK
UKHW022317170726
13837UKWH00005BA/2033